Berlin. Luftaufnahmen damals und heute

Aerial Views Then and Now

Berlin. Luftaufnahmen damals und heute
Aerial Views Then and Now

Mit neuen Fotografien von Dirk Laubner
und Texten von Richard Schneider

With new Photographs by Dirk Laubner
and texts by Richard Schneider

nicolai

Vorwort

Zu Beginn des 20. Jahrhunderts besuchte der französische Reiseschriftsteller Jules Huret die preußische und deutsche Hauptstadt. Sein Eindruck: »Es gibt nichts oder fast nichts Altes mehr in Berlin.« Huret empfand dies so sehr als Mangel, dass ihm dadurch der Zugang zum eigentlichen Wesen dieser Stadt versperrt schien: »Was mich persönlich betrifft, so habe ich meine Ansicht über die charakteristischen Merkmale Berlins mehrmals geändert. Und schließlich bin ich zu der Erkenntnis gekommen, dass dieses Charakteristikum, nach dem ich so lange suchte, gerade darin besteht, dass es überhaupt keines gibt.«
Was vielen Besuchern der Stadt an der Spree auffiel, waren der nüchterne Witz und der aufs Praktische gerichtete Realitätssinn des Berliners. Man interessierte sich für die Gegenwart, nicht für die Vergangenheit.
Bis zum Jahr 1701 war Berlin Kurfürstenstadt gewesen, dann wurde es Königsstadt und ab 1871 war es Hauptstadt des neuen Kaiserreichs. Und gleichzeitig stieg Berlin zur größten deutschen Industriestadt auf. Zu denen, die für das Berlin des beginnenden 20. Jahrhunderts die Möglichkeit großer Veränderungen sahen, gehörte der Schriftsteller und Kulturkritiker Karl Scheffler. Er träumte von einem »rücksichtslosen Tatmenschen«, dem die Freiheit eingeräumt wäre, »ungeheure Durchbrüche zu bewerkstelligen, umfassende Flussregulierungen vorzunehmen, führende Linien durch das Straßengewirr zu ziehen, halb Berlin und das Meiste in den Vororten niederzureißen und die hässliche Großstadt als eine schöne neue Großstadt wieder aufzubauen.«
Weniger als drei Jahrzehnte später war dieser Mann gefunden. Im Jahre 1937 wurde ein junger Architekt namens Albert Speer zum »Generalbauinspektor für die Reichshauptstadt« ernannt. Nach dem Willen Adolf Hitlers sollte das künftige Stadtbild

die Macht und Größe des Nationalsozialismus widerspiegeln. Die Neugestaltungsmaßnahmen begannen mit der systematischen Zerstörung des Vorhandenen. Kernstück der Planungen waren der Ausbau der Ost-West-Achse und die Anlage einer gigantischen Nord-Süd-Achse mit Großer Halle und Triumphbogen. Die Achse selbst – ihrer Bestimmung nach weniger Straße als vielmehr Aufmarschfläche – sollte mit Bauten für Staat und Partei gesäumt werden: Architektur als steinerne Kulisse eines öffentlichen Raumes, den man für die Inszenierung des eigenen Herrschaftsanspruchs und für die Feiern der zu erwartenden Siege brauchte. Bis zum Jahr 1950, so hatte es Hitler bestimmt, sollte die Neugestaltung der Reichshauptstadt, der zukünftigen »Welthauptstadt Germania«, vollendet sein.

Dass es anders kam ist bekannt. Als das »Tausendjährige Reich« nach zwölf Jahren zusammenbrach, war Berlin eine Trümmerwüste. Die Stadt von der aus man soeben noch die Weltherrschaft angestrebt hatte, wurde von einer beispiellosen Geschichtsvergessenheit ergriffen. Man glaubte, man könne mit einer »Stunde Null« ganz neu beginnen.

Im Mai 1945 bekam das politisch noch ungeteilte Berlin einen neuen Stadtbaurat: Hans Scharoun. Sein Grundgedanke für die Neuordnung Berlins lässt sich so formulieren: Bombenangriffe und Endkampf haben eine städtische Auflockerung vollzogen, die uns die Chance gibt, daraus eine »Stadtlandschaft« zu gestalten. Durch sie wird es möglich sein, das Unüberschaubare in maßvolle Teile aufzugliedern und diese so zu ordnen, wie Wald und Wiese, Berg und See in einer schönen Landschaft zusammenwirken.

Was darunter zu verstehen war, zeigte eine Ausstellung, die im August 1946 im Weißen Saal des stark zerstörten, aber in Teilen keineswegs unbenutzbaren Stadtschlosses eröffnet wurde. Das Planungskollektiv, dem Scharoun angehörte, erteilte der gewachsenen städtischen Struktur eine radikale Absage. Der »Kollektivplan« bestand im Wesentlichen aus Schnellverkehrsstraßen parallel zur Spree, dem leicht bogenförmig verlaufenden Urstromtal folgend. Durch Querverbindungen ergab sich ein System weitgehend homogener Stadtviertel, gedacht für jeweils etwa 80 000 Menschen. Die Stadt als lebendiger Organismus mit Straßen und Plätzen, ineinan-

der übergehenden Wohnquartieren und einer Mischung der verschiedenen Lebensbereiche sollte es nicht mehr geben.
Berlin wurde dann doch nicht abgeschafft, aber man veränderte sein Gesicht, stellenweise bis zur Unkenntlichkeit. Auf großen Schildern las man: »Abriß für den Wiederaufbau«. In seinem 1958 erschienenen Buch »Berlin – Schicksal einer Weltstadt« schrieb Walther Kiaulehn: »Zwei Ursachen haben Berlin zerstört: Bomben im Krieg und Mutwillen im Frieden!« Seltsam, dass man die neue Stadtzerstörung auch noch als Fortschritt feierte! Nicht nur öffentliche Gebäude und einzelne Straßenzüge wurden niedergelegt, sondern auch große Teile des historischen Straßennetzes vernichtet – und damit das Langzeitgedächtnis der Stadt. Schon der »Kollektivplan« hatte den überkommenen Stadtgrundriss außer Acht gelassen, sogar vorgesehen, den Straßenzug Unter den Linden aufzuheben. Auch die alte Potsdamer Straße, Teil der Reichsstraße 1, wurde in ihrem Herzstück beseitigt, nicht nur auf dem Papier, sondern tatsächlich. Später stellt Scharoun dann seine monströse Staatsbibliothek genau auf die Achse dieser Straße. Gleichzeitig, Ende der sechziger Jahre, wurde Alt-Cölln, der älteste Berliner Gründungskern, niedergelegt, um dort 22-geschossige Wohnhochhäuser zu errichten.
Trotz der seit 1948 bestehenden politischen Teilung der Stadt hielt man bis zum Bau der Mauer 1961 und noch darüber hinaus an gesamtstädtischen Planungen fest.
1957 wurde in West-Berlin der Wettbewerb »Hauptstadt Berlin« ausgeschrieben. Die Teilnehmer hatten in ihren Entwürfen, ungeachtet der politischen Realität, von Berlin als Hauptstadt eines wiedervereinigten Deutschland auszugehen. Bereits 1958 antwortete Ost-Berlin mit einem »Ideenwettbewerb zur sozialistischen Umgestaltung des Zentrums der Hauptstadt der Deutschen Demokratischen Republik«.
Die dafür benötigten freien Flächen waren bereits geschaffen worden, nicht zuletzt durch die Beseitigung des Stadtschlosses. Die kommunistischen Machthaber hatten in ihrem Hass auf alles Preußische die Ruine der Hohenzollernresidenz sprengen und bis auf den letzten Stein abräumen lassen. Die Sprengung geschah zwischen dem 7. September und dem 30. Dezember des Jahres 1950.
Das im Westen gelegene Charlottenburger Schloss, ebenfalls stark zerstört, wurde

dagegen wieder aufgebaut. Nicht weil hier die Einsicht bei den politisch Verantwortlichen größer gewesen wäre, sondern weil öffentliche Proteste den vorgesehenen Abbruch verhinderten. Die Sucht, die Vergangenheit auszulöschen, war in beiden Teilen der Stadt gleich groß. Man organisierte einen wahren Vernichtungsfeldzug, der sich – merkwürdigerweise auch im Westen – vorzugsweise gegen die Bauwerke der Kaiserzeit richtete. Keiner der großen Kopfbahnhöfe entging der endgültigen Zerstörung. Proteste gegen die Sprengung des großartigen Anhalter Bahnhof wurden von den Behörden zurückgewiesen. Was der Krieg nicht vermocht hatte, wurde nun vom »Amt für Abräumung« besorgt. Das letzte Blatt der Bauakte des Bahnhofs erhielt nach dem Vermerk »Gelände ist planiert« den Stempelaufdruck: »Es ist nichts mehr zu veranlassen«.

Die Abrisswut der fünfziger und sechziger Jahre bewirkte in ehemals zentralen Bereichen der Stadt einen totalen Raumverlust. Und der Bau der Mauer mit ihren breiten Sperranlagen ließ von Norden nach Süden mitten durch die Stadt eine »innere Peripherie« entstehen, die bewirkte, dass die beiden Stadthälften auseinander rückten.

Im weiteren Bereich des einstigen Schlosses bildete sich das eigentliche Machtzentrum der DDR. Das Zentralkomitee der SED nahm das ehemalige Reichsbankgebäude in Besitz. An der Südseite des Marx-Engels-Platzes entstand das Staatsratsgebäude und westlich des Platzes errichtete man das Außenministerium. Als letzte der staatlichen Institutionen zog die DDR-Volkskammer an den Marx-Engels-Platz, in den 1976 eröffneten Palast der Republik. Hier beschlossen die Mitglieder der ersten frei gewählten Volkskammer am 25. August 1990, neun Monate nach dem Fall der Mauer, den Beitritt der DDR zur Bundesrepublik. Am 20. Juni 1991 entschied dann der Bundestag in Bonn, dass Berlin als Hauptstadt des vereinten Deutschlands wieder Sitz von Parlament und Regierung sein solle. Der Umzugsbeschluss löste »Neugestaltungsmaßnahmen« aus, die in ihrer Konsequenz eine weitere Stadtzerstörung bedeutet hätten. Die »Flut des Mutwillens« erfasste zunächst den Palast der Republik, das Staatsratsgebäude, das Reichsbankgebäude, das ehemalige Reichsluftfahrtministerium sowie das Außenministerium der DDR. Letzteres wurde dann tatsächlich abgebrochen. Proteste dagegen gab es nicht, eher eine breite Zustimmung, da das Gebäude als im Stadtbild störend empfunden wurde. Gleichzeitig wurden zahlreiche Wettbewerbe ausgeschrieben: Planungswettbewerbe, Ideenwettbewerbe, Architektenwettbewerbe. Der Publizist Wolf Jobst Siedler schrieb: »Eben das, der ständige Neuentwurf der Stadt, ist wahrscheinlich das eigentliche architektonische Gesetz Berlins.«

Ab Mitte der neunziger Jahre zeigten Hunderte von Kränen an, wo vor allem das neue Berlin entstand: in der Friedrichstraße und am Pariser Platz, im Spreebogen und am Potsdamer Platz. Und alles sollte dem Anspruch der »Urbanität« genügen, wie sie von Politikern und Planern verstanden wird. Aber Urbanität ist keine Kategorie von Architektur und Städtebau, sondern meint eine geistige Haltung und ein bestimmtes soziales Verhalten, also das Gegenteil von Provinzialität. Erweisen sollte sich das neue weltstädtische Berlin vor allem am Potsdamer Platz, ein geradezu mythischer Ort der Stadt. Doch der auftrumpfende Gestus, mit dem die Konzerne Daimler und Sony hier ihre Bauwerke in den Himmel wachsen ließen, vermochte nicht, den Mythos »Potsdamer Platz« wieder erstehen zu lassen. Was hier entstand, ist eine zu Stein und Glas gewordene virtuelle Welt, geboren aus dem Geist der Großinvestoren.

An der Neubebauung der Friedrichstraße und der angrenzenden Quartiere entzündete sich der so genannte Berliner Architekturstreit. Dabei ging es vor allem um die meist steinerne Fassadengestaltung, deren Monotonie und abweisende Kälte zur Kritik Anlass gaben. Traditionalisten standen gegen Modernisten, was sich am Pariser Platz zeigt. Von den Lokalblättern gern als »Salon der Stadt« bezeichnet, geht ihm tatsächlich jede Aufenthaltsqualität ab. Gestaltungssatzung und vorgegebene Traufhöhe verbürgen eine solche noch lange nicht. Und was die Fassaden angeht, so wird doch ein Haus erst durch sein Äußeres so oder so wahrgenommen. Das zeigt sich beispielhaft und gegensätzlich an dem modernen Wohn- und Geschäftshaus an der Nordostecke des Pariser Platzes und dem gegenüberliegenden neuen Hotel Adlon, das dem Betrachter in historischem Gewand entgegentritt.

Als wahrer Glücksfall der neuen Berliner Architektur erweist sich ein Gebäude, das eigentlich ein altes ist und erst durch seinen Umbau zu einem modernen wurde. Gemeint ist der Reichstag mit der von Lord Norman Foster konstruierten begehbaren Glaskuppel. Wie es nach langen Irrungen und Wirrungen überhaupt zur Kuppel kam, ist eine Geschichte für sich. Dass aber ausgerechnet das Reichstagsgebäude, Sitz des Deutschen Bundestages, für Besucher aus aller Welt zur beliebtesten Berliner Sehenswürdigkeit werden würde, hatte niemand vorhergesehen.

Von den beiden gegenläufigen Rampen der Kuppel blickt man hinunter auf die zentralen Bereiche der Stadt. Aus der Vogelperspektive erscheinen die Dinge weit entfernt – und gewinnen doch gleichzeitig an Schärfe. Städtebauliche Strukturen werden von oben auf einen Blick deutlich.

Die Bilddokumente dieses Buches zeigen Berlin aus der Luft, Bilder des vergangenen 20. Jahrhunderts und Bilder der Gegenwart in spannungsreichen Gegenüberstellungen, aufgenommen aus jeweils derselben Perspektive. So werden die Verluste deutlich, die Berlin erlitten hat, aber auch die Anstrengungen, die Wunden zu schließen und die deutsche Hauptstadt wieder als ein Ganzes erscheinen zu lassen.

Richard Schneider

Preface

At the beginning of the 20th century, the French travel writer Jules Huret visited the Prussian and German capital. His impression: "There is nothing or almost nothing left in Berlin that is old." Huret saw this as such a shortcoming that it seemed to prevent him from experiencing the true nature of the city: "As for me, I have repeatedly changed my opinion concerning the features that characterise Berlin. And I have finally realised that these characteristics that I spent so long looking for just don't exist."
What many visitors to the city on the Spree noticed were the Berliners' down-to-earth sense of humour as well as their practical approach to life. One was interested in the present, not the past. Until the year 1701 Berlin had been an electorate city; then it became a royal city, and in 1871 it became the capital of the new empire, while also becoming Germany's largest industrial city.

Karl Scheffler was among the writers and cultural critics who in early 20th century Berlin saw the potential for large changes. He dreamed of a "ruthless person of action" with the freedom "to effect enormous breakthroughs, to implement extensive river regulation, to organize the chaotic traffic situation, to tear down half of Berlin and most of its suburbs and to rebuild the ugly city as a beautiful new city." This man was found less than three decades later. In the year 1937 a young architect named Albert Speer was appointed "General Building Inspector for the Reich's capital". Adolf Hitler wanted the city's future image to reflect the power and magnitude of National Socialism. The measures to refashion the city began with the systematic destruction of the existing city. The crowning glory was to be an extension of the east-west axis and the addition of a north-south axis with a Large Hall and triumphal arch. The axis itself was to contain

less street and more space for public gatherings and be lined with state and party buildings: Architecture as the leaden background for a public space that was needed to enact the claim to power and to celebrate the anticipated victory. Hitler had decided that work on refashioning the Reich's capital – the future "world capital Germania" – should be completed by 1950.
As we all know, things turned out differently. When the "thousand-year Reich" collapsed after twelve years, Berlin was a heap of rubble.
The city that had been the centre of an attempt to conquer the world was suddenly seized by an unprecedented historical oblivion. There was a belief that the past could be forgotten and that a new start could be made at "zero hour".
In May 1945 Hans Scharoun was appointed as city building advisor to Berlin, which was not yet politically divided. His basic idea for rebuilding Berlin can be formulated as follows: Air raids and the final battle have destroyed so much of the city that we can actually construct a "city landscape". This will make it possible to divide up and organize the massive amount of space, so that the forests and lawns, the mountains and lakes work together to form a beautiful landscape.
What Scharoun meant could be seen at an exhibition that opened in August 1946 in the White Room of the severely damaged, but not completely unusable Stadtschloss (City Palace). The planning collective that Scharoun was a member of radically rejected the urban structure that had so far evolved. The "collective plan" largely consisted of traffic lanes parallel to the Spree that followed the mildly curving course of the glacial valley. Connecting streets brought about a system of largely homogenous city districts, each for about 80,000 people. The city as a living organism with streets and squares: residential areas were no longer meant to merge into one another nor were diverse walks of life supposed to mix.
So Berlin was not done away with. It simply acquired a new face, becoming unrecognisable in some parts. Large signs announced: "To be torn down for reconstruction". In his book that was published in 1958 "Berlin – Schicksal einer Weltstadt" ("Berlin – the Fate of a World City"), Walther Kiaulehn wrote: "Two things destroyed Berlin: Bombs during the war

and mischief during peacetime!" Strange as it seems, the new destruction of the city was celebrated as a step forward! Not only were public buildings and single streets demolished, but large parts of the historical street network were also destroyed – and along with it the city's long-term memory. The "collective plan" had failed to take the inherited city plan into consideration, even planning to do away with the street Unter den Linden. The heart of old Potsdamer Straße and part of Reichsstraße 1 were also disposed of, not only on paper, but also in reality. Scharoun later erected his monstrous Staatsbibliothek (State Library) precisely on this street axis. At the same time, during the late 60s, Berlin's oldest settlement Alt-Cölln was destroyed so that a 22-storey apartment building could be constructed in its place.

Despite the fact that the city was politically divided in 1948, up until the construction of the Wall in 1961 and even beyond that, urban development plans concerning the entire city were maintained. In 1957, in West Berlin, the "capital Berlin" competition was announced. In spite of the political reality, the participants were to come up with designs that saw Berlin as the capital of a reunified Germany. In 1958 East Berlin was quick to answer with a "competition for ideas to refashion the centre of the capital of the German Democratic Republic in a socialist way". The space needed for this had already been made available, not lastly with the removal of the Stadtschloss (City Palace). The communist rulers hated the Hohenzollern residence and everything Prussian and thus had the remains of the building demolished and cleared away right down to the last stone. This was completed between 7 September and 30 December 1950.

On the other hand, Charlottenburg Palace in West Berlin was also severely damaged, but it was rebuilt. This was not the result of thoughtfulness on the part of those politically responsible but of public protests that blocked the planned demolition. The hatred of the past and the obsession with eradicating it was just as great in both halves of the city. A genuine "campaign to destroy" was organized that – also in the West, odd as it may seem – was mainly directed against buildings from the Kaiser period. None of the great terminus stations were to escape the final phase of destruction. Protests against demolishing the magnificent Anhalter Bahnhof station were rejected by officials. What the war had not been capable of doing, the "clean-up authorities" now accomplished. On the last page of the building records, after the remark that "new grounds are planned", the following is stamped: "There is nothing more to do".

In the former centre of the city, the demolition rage of the fifties and sixties brought about a total devastation of space. The construction of the Wall with its wide no-man's land resulted in an "inner periphery" that ran right through the city from north to south; it had the effect of causing both halves of the city to move apart from one another. The actual centre of GDR power was situated in the area close to where the palace had been. The Central Committee of the SED (communist party) took possession of the former Reichsbankgebäude (Reich Bank). On the south side of Marx-Engels-Platz the Staatsratsgebäude (Council of State building) was built and west of the square the Foreign Ministry was erected. The GDR Volkskammer (East German Parliament) was the last of the state institutions to relocate to Marx-Engels-Platz; it moved into the Palast der Republik that opened in 1976. Here, on 25 August 1990, nine months after the fall of the Wall, the members of the first freely elected parliament decided that the GDR should become a part of the Federal Republic. On 20 June 1991, the Bundestag in Bonn then decided that, as the capital of a reunified Germany, Berlin should again be the seat of parliament and government.

The decision about the move triggered "redesigning measures" that would have meant further city destruction. The "flood of mischief" firstly included the Palast der Republik, the Staatsratsgebäude, the Reichsbankgebäude, the former Reichsluftfahrtministerium (Reich Ministry of Aviation), as well as the GDR Foreign Ministry. The latter was then actually torn down. This did not provoke any protests; instead it met with broad agreement, since no one liked the building or its place in the cityscape. At the same time, numerous competitions were announced: planning competitions, idea competitions, competitions for architects. The publicist Wolf Jobst Siedler wrote: "It is precisely the constant refashioning of the city that is probably Berlin's true architectonic law."

Starting in the mid-nineties hundreds of cranes pointed towards the area where the new Berlin came into being: Friedrichstraße and Pariser Platz, the Spreebogen and Potsdamer Platz. And everything was supposed to live up to the claim for "urbanity", as understood by the politicians and planners. But urbanity is not a category of architecture and urban development; instead it refers to a mental stance and a certain manner of social comportment; it is, in other words, the opposite of provinciality. Potsdamer Platz, an almost mythical part of the city, was above all supposed to represent the new cosmopolitan Berlin. But the very pretentious way in which the companies Daimler and Sony built their high-rises by no means brought back the mythical "Potsdamer Platz". What arose here is a virtual world of stone and glass that was born out of the spirit of big investors.

The rebuilding of Friedrichstraße and the bordering districts sparked the so-called Berlin architectural fight. This largely had to do with the primarily stony façade designs whose monotony and unfriendly coldness gave rise to criticism. Traditionalists opposed modernists, as became particularly apparent at Pariser Platz. What local papers like to refer to as the "Salon of Berlin" exudes quite an uncomfortable atmosphere. Building codes and a regulation on standard roof heights are far from conveying anything else. And as for façades, buildings are after all first judged by their exteriors. This can, for instance, exemplarily be seen in the contrast between the modern residential and business building on the northeast corner of Pariser Platz and the historical façade of the new Hotel Adlon that faces it from across the street.

There is one building that has proved more fortunate for Berlin's new architecture; an old building that has become a new one through renovation: the Reichstag with its glass dome that is open to the public, constructed by Norman Foster. It is its own story; extensive debates were held before the dome itself was actually decided upon. However, no one anticipated that the Reichstag, of all buildings, seat of the German parliament, would become the most popular sight for visitors to Berlin from all over the world. From both of the opposing ramps in the dome one has a view of the central areas of the city. With a bird's-eye view things appear far away – while simultaneously becoming sharper. From above, the structures that are a part of new urban development quickly become visible. The photographs in this book show Berlin from the air, pictures from the past 20th century and present-day photos in exciting juxtapositions, each taken from the same perspective. In this way the losses that Berlin has experienced also become clear as do the efforts to heal the wounds and to make the German capital appear whole again.

Richard Schneider

Reichstag und Spree, um 1960

Blick von Südwesten auf das 132 m lange und 88 m breite Reichstagsgebäude. Unter Verzicht auf Kuppel und Skulpturenschmuck wurde der Außenbau ab 1957 restauriert. Der nicht mehr benutzte Haupteingang mit sechssäuligem Portikus befindet sich an der Westseite. Hinter dem Reichstag fließt in einem Bogen die Spree.

Reichstag and Spree, around 1960

A southwest view of the 132 m long and 88 m wide Reichstag. The exterior of the building was restored in 1957 minus the dome and the decorative sculptures. The main entrance that is no longer used with its portico of six columns is located on the west side. Behind the Reichstag is the arched course of the Spree.

Reichstag und Spree, 2002

Der Blick fällt auf das von dem britischen Architekten Norman Foster im Inneren völlig umgebaute Reichstagsgebäude. Die moderne Glaskuppel ist für die Besucher begehbar. Diese betreten das Gebäude durch den Westeingang. Links im Bild das Paul-Löbe-Haus und das im Bau befindliche Marie-Elisabeth-Lüders-Haus.

Reichstag and Spree, 2002

One has a direct view of the Reichstag's new interior that was completely rebuilt by the British architect Norman Foster. The modern glass dome is accessible to the public who enter the building using the west entrance. To the left are the Paul Löbe House and the Marie Elisabeth Lüders House, which is under construction.

Reichstagsgebäude und Brandenburger Tor, 1963

Im Krieg stark zerstört, wurde der 1884–94 von Paul Wallot errichtete Reichstag in den 60er Jahren wieder hergestellt, allerdings ohne den hohen Kuppelaufbau. Rechts das Brandenburger Tor, dahinter der völlig abgeräumte Pariser Platz und davor die hier in einem Bogen verlaufende Mauer.

The Reichstag and Brandenburg Gate, 1963

Severely damaged during the war, the Reichstag was built in 1884–94 by Paul Wallot. It was restored in the 1960s, but without the high dome construction. To the right is the Brandenburg Gate. Behind it, a completely barren Pariser Platz, and in front of it, the arched course of the Wall.

Reichstagsgebäude und Brandenburger Tor, 2002

Umbau und Neugestaltung des Reichstags mit moderner Glaskuppel erfolgten 1995–99 durch Norman Foster. Rechts der östliche Teil des Tiergartens, das Brandenburger Tor mit dem wieder bebauten Pariser Platz und die Straße Unter den Linden. Links oberhalb des Reichstags sieht man die Spree.

The Reichstag and Brandenburg Gate, 2002

The renovation and refashioning of the Reichstag with a modern glass dome was undertaken by Norman Foster in 1995–99. To the right, the eastern part of the Tiergarten as well as Brandenburg Gate with the rebuilt Pariser Platz and the street Unter den Linden. Left behind the Reichstag is the River Spree.

Brandenburger Tor und Pariser Platz, um 1930

Von Westen blickt man auf das 1788–91 von Carl Gotthard Langhans erbaute Brandenburger Tor. Dahinter der Pariser Platz, anschließend die Straße Unter den Linden. Das große Gebäude am rechten Bildrand ist das Palais Blücher, ab 1939 Botschaft der USA. Links und rechts vom Tor die Häuser Liebermann und Sommer.

Brandenburg Gate and Pariser Platz, around 1930

A western view of the Brandenburg Gate that was constructed in 1788–91 by Carl Gotthard Langhans. Behind it, Pariser Platz followed by the street Unter den Linden. The large building on the photo's right is Blücher Palais that has housed the Embassy of the USA since 1939. To the gate's left and right, the Liebermann and Sommer buildings.

Brandenburger Tor und Pariser Platz, 2002

Das Tor ist wegen Sanierungsmaßnahmen mit einer Folie verhangen. Die Häuser Liebermann und Sommer, im Kriege zerstört, sind in vereinfachter Form wieder aufgebaut. Bei dem großen Baublock am rechten Bildrand handelt es sich um die DZ-Bank AG Berlin, darunter die noch freie Fläche für die Amerikanische Botschaft.

Brandenburg Gate and Pariser Platz, 2002

Brandenburg Gate is covered over for restoration work. The Liebermann and Sommer buildings, destroyed during the war, have been rebuilt in simplified form. The large block-shaped building on the right is the DZ-Bank AG Berlin. In front of it, the grounds for the American Embassy that are still empty.

Pariser Platz und Brandenburger Tor, 1991

Die architektonische Rahmung des Pariser Platzes wurde im Kriege völlig zerstört, und bis Ende 1989 lag das Areal im östlichen Grenzsperrgebiet. Im Bild oben der Tiergarten und die auf das Tor zuführende Straße des 17. Juni. Rechts oben das Reichstagsgebäude. Unten der Beginn der Straße Unter den Linden.

Pariser Platz and Brandenburg Gate, 1991

The architectural outline of Pariser Platz was completely destroyed during the war. Through 1989 the square lay in the eastern border zone. At the top of the photo, the Tiergarten and the Straße des 17. Juni that leads to the Gate. In the upper right, the Reichstag. Below, the beginning of the street Unter den Linden.

Pariser Platz und Brandenburger Tor, 2002

Die Neubebauung des Pariser Platzes und der benachbarten Quartiere erfolgte in den 90er Jahren. Am linken Bildrand die Britische Botschaft, zu erkennen an der aufgebrochenen Fassade. Oben rechts das Bundeskanzleramt, das Paul-Löbe-Haus und der Reichstag. Ganz rechts sieht man die Spree.

Pariser Platz and Brandenburg Gate, 2002

In the 1990s, Pariser Platz and the neighbouring districts were rebuilt. On the left, the British Embassy that is characterised by the façade with the large opening. In the upper right, the Bundeskanzleramt (Federal Chancellery), the Paul Löbe House and the Reichstag. At the far right is the Spree.

Pariser Platz und Reichstag, 1991

Von Südosten blickt man auf den noch öden Pariser Platz und das Gelände der ehemaligen Sperranlagen. Vor dem Reichstagsgebäude der geometrisch gestaltete Platz der Republik, oben rechts der geschwungene Lauf der Spree. Oben links, an der Straße des 17. Juni, das Sowjetische Ehrenmal.

Pariser Platz and the Reichstag, 1991

A southeast view of a still barren Pariser Platz and the grounds of the former no-man's land. In front of the Reichstag is the geometrically designed Platz der Republik. In the upper right, the Spree takes a curving course. In the upper left, on the Straße des 17. Juni, is a view of the Soviet War Memorial.

Pariser Platz und Reichstag, 2002

Das Luftbild gibt einen guten Eindruck von den gewaltigen Baumassen am Pariser Platz. Nördlich von Reichstag und Paul-Löbe-Haus sieht man den Spreebogen mit der Ausbuchtung des Humboldt-Hafens. Der vor dem Reichstag gelegene Platz der Republik wird umgestaltet. Am oberen Bildrand links das Bundeskanzleramt.

Pariser Platz and the Reichstag, 2002

The aerial shot shows the degree to which Pariser Platz was rebuilt. North of the Reichstag and the Paul Löbe House is a view of the Spreebogen and the entrance to Humboldt Harbour. In front of the Reichstag, the Platz der Republik is in the process of being redesigned. In the upper left is the Bundeskanzleramt.

Der Pariser Platz, um 1930

Der Platz wurde 1734 unter Friedrich Wilhelm I. als »Quarré« angelegt und zunächst mit zweigeschossigen Palais bebaut. Das Foto zeigt die Südseite des Platzes. Links, Ecke Unter den Linden, das 1906–07 erbaute Hotel Adlon. In dem elfachsigen Bau mit Dreiecksgiebel hatte die »Casino-Gesellschaft« ihr Domizil.

Pariser Platz, around 1930

The square was laid out as a "quarré" in 1734 under Friedrich Wilhelm I. A two-storey palais was first built here. The photo shows the south side of the square. Left, at the corner of Unter den Linden is the Hotel Adlon that was constructed in 1906–07. The "Casino-Gesellschaft" had its home in the eleven-axis building with the triangular gable.

Der Pariser Platz, 2002

Das Foto zeigt das neue Hotel Adlon und links daneben in der Wilhelmstraße die neue Britische Botschaft. An der Stelle des einstigen Hauses der »Casino-Gesellschaft« der Neubau der DZ Bank AG Berlin, erbaut 1997–2000 von dem amerikanischen Architekten Frank O. Gehry. Auffallend das gewölbte Glasdach über dem Atrium.

Pariser Platz, 2002

The photo shows the new Hotel Adlon. To its left in Wilhelmstraße is the new British Embassy. The onetime "Casino-Gesellschaft" has been replaced by the new DZ Bank AG Berlin building, built in 1997–2000 by American architect Frank O. Gehry. The arched glass roof over the atrium is striking.

Breitscheidplatz und Zoologischer Garten, 1954

Noch sind die Kriegsschäden unübersehbar, zentrale Flächen aber für eine Neubebauung frei gemacht. Der Breitscheidplatz mit der zerstörten Gedächtniskirche hat nur noch die Funktion einer Verkehrsinsel. Der nördlich gelegene Zoologische Garten weist einen deutlich reduzierten Baumbestand auf.

Breitscheidplatz and the Zoologischer Garten, 1954

The damage from the war is clearly visible, but central areas have been cleared for reconstruction. The destroyed Gedächtniskirche (Memorial Church) stands on Breitscheidplatz, whose only function now is that of a traffic island. A dearth of trees characterises the northern-lying zoo.

Breitscheidplatz und Zoologischer Garten, 2002

Der Blick fällt auf die City West mit Breitscheidplatz und Gedächtniskirche. Der Zoo ist nach Süden durch die Neubauten des 1956/57 entstandenen »Zentrums am Zoo« begrenzt. Am rechten unteren Bildrand das Hochhaus des Europa-Centers, erkennbar an dem Mercedes-Stern.

Breitscheidplatz and the Zoologischer Garten, 2002

A view of City West with Breitscheidplatz and the Gedächtniskirche. The south side of the zoo is lined with new buildings that were built when the "Zentrum am Zoo" was constructed in 1956–57. In the lower right is the high-rise of the Europa Centre with its large Mercedes star.

Gedächtniskirche und Auguste-Victoria-Platz, 1935

In der Platzmitte steht die 1891–95 erbaute Kaiser-Wilhelm-Gedächtniskirche. Links vom Turm das Romanische Haus mit dem Kino »Gloria-Palast«. Im Bild rechts unten das Neue Romanische Haus mit dem »Romanischen Café«. Oben der Zoologische Garten und ganz oben links der gleichnamige Bahnhof.

Gedächtniskirche and Auguste-Victoria-Platz, 1935

Located in the middle of the square, the Kaiser-Wilhelm Gedächtniskirche (Kaiser Wilhelm Memorial Church) that was built in 1891–95. To the tower's left, the Romanesque House with the "Gloria-Palast" cinema. In the lower right, the New Romanesque House with the "Romanische Café". At the top is the Zoologischer Garten, and in the upper left is the railway station of the same name.

Gedächtniskirche und Breitscheidplatz, 2002

Der Auguste-Victoria-Platz wurde nach dem Krieg in Breitscheidplatz umbenannt. Von der zerstörten Gedächtniskirche blieb die Turmruine erhalten. Die neue Kirche, entworfen von Egon Eiermann, wurde 1961 geweiht. Im Bild oben ein Teil des Zoologischen Gartens und das Kino »Zoo-Palast«.

Gedächtniskirche and Breitscheidplatz, 2002

Auguste-Victoria-Platz was renamed Breitscheidplatz after the war. The ruined tower is all that remained of the destroyed Gedächtniskirche. The new church designed by Egon Eiermann opened officially in 1961. At the top, a small part of the zoo is visible and so is the “Zoo-Palast” cinema.

City West und Bahnhof Zoologischer Garten, 1963

Von Süden fällt der Blick auf die Trasse der Stadtbahn mit der großen Bahnhofshalle. Unten links das Café Kranzler am Kurfürstendamm, dahinter das Kaufhaus Bilka mit großer Rotunde. Jenseits der Stadtbahngleise, in der linken Bildhälfte, sieht man das 1895–97 erbaute Theater des Westens.

City West and the Zoologischer Garten railway station, 1963

A southern view of the tracks of the city railway and the large station hall. In the lower left, Café Kranzler on Kurfürstendamm. Behind it, the department store Bilka with its large rotunda. Left behind the railway tracks, the Theater des Westens that was built in 1895–97.

City West und Bahnhof Zoologischer Garten, 2002

Besonders auffallend ist das »Gürteltier« genannte Ludwig-Erhard-Haus in der Bildmitte links, erbaut 1994–97. Ganz oben das Hauptgebäude der Technischen Universität an der Straße des 17. Juni. Rechts ragt ein Teil des Zoologischen Gartens ins Bild hinein. Darunter die Kaiser-Wilhelm-Gedächtniskirche.

City West and the Zoologischer Garten railway station, 2002

Buildings that particularly stand out are the so-called "armadillo" or Ludwig Erhard House in the middle left, built in 1994–97 and the main building of the Technical University on the Straße des 17. Juni. On the right, the zoo juts into the photo, and below it stands the Kaiser-Wilhelm-Gedächtniskirche.

Blick auf den Ernst-Reuter-Platz, 1963

Von Nordwesten sieht man auf das große Oval des Platzes, der seinen Namen 1954 bekam. Folgende Straßen kommen hier zusammen (vom oberen linken Bildrand aus): Straße des 17. Juni, Hertzallee (ohne direkte Verbindung zum Platz), Hardenbergstraße, Bismarckstraße, Otto-Suhr-Allee, Marchstraße.

A view of Ernst-Reuter-Platz, 1963

A northwest view of the large oval square that was given its name in 1954. The following streets converge here (from the upper left): Straße des 17. Juni, Hertzallee (which does not directly connect to the square), Hardenbergstraße, Bismarckstraße, Otto-Suhr-Allee, and Marchstraße.

Blick auf den Ernst-Reuter-Platz, 2002

Geprägt wird der Platz durch die Hochhäuser für Wirtschaft und Wissenschaft, die hier seit Ende der 50er Jahre entstanden. Unten rechts das 1958–60 erbaute 22-geschossige Telefunken-Hochhaus. Oben links das mit Aluminium verkleidetet Hauptgebäude der Technischen Universität (1961–65).

A view of Ernst-Reuter-Platz, 2002

The high-rise buildings for science and commerce characterise the square. They were built in the late 1950s. In the lower right is the 22-storey Telefunken high-rise that was constructed in 1958–60. In the upper left is the aluminium-covered main building of the Technical University (1961–65).

Landwehrkanal und Charlottenburger Chaussee, 1925

Der Blick fällt auf die Charlottenburger Brücke mit dem Charlottenburger Tor, erbaut 1905–08 auf der einstigen Stadtgrenze zwischen Berlin und Charlottenburg. Am linken Bildrand Gebäude der damaligen Technischen Hochschule. Die Häuser unten rechts gehören zum Gelände der Staatlichen Porzellanmanufaktur.

Landwehrkanal and Charlottenburger Chaussee, 1925

A view of Charlottenburger Brücke with Charlottenburg Gate, built in 1905–08 on what had once been the boundary between Berlin and Charlottenburg. On the left is the building of the former Technical College. The buildings in the lower right belong to the grounds of the state porcelain manufacturer.

Landwehrkanal und Straße des 17. Juni, 2002

Die Charlottenburger Brücke wurde 1936 beim Ausbau der Straße zur Ost-West-Achse verbreitert, dabei wurden die Torkolonnaden auseinander gerückt. Unten rechts das heutige Ernst-Reuter-Haus, errichtet 1939–42. Darüber, direkt am Kanal, die neue bogenförmig erbaute Niederlassung von Mercedes-Benz.

Landwehrkanal and Straße des 17. Juni, 2002

In 1936 the Charlottenburger Brücke was widened when the street was broadened for the east-west axis. The colonnades at the gate were set further apart from one another. In the lower right, today's Ernst Reuter House, built in 1939–42. Above it, directly on the canal, the new curving Mercedes-Benz building.

Südliches Tiergartenviertel, 1971

Von Nordwesten blickt man auf die Stadtbrache zwischen der Klingelhöferstraße und dem durch Bäume verdeckten Landwehrkanal. Im Bild unten die ehemalige Spanische Botschaft am südwestlichen Rand des Tiergartens. In der oberen rechten Bildhälfte Wohn- und Geschäftshäuser der 60er Jahre.

Southern Tiergarten district, 1971

A western view of the undeveloped land between Klingelhöferstraße and the tree-shrouded Landwehrkanal. Below, the former Spanish Embassy on the southwest side of the Tiergarten. In the upper right, residential and business buildings that were constructed in the 1960s.

Südliches Tiergartenviertel, 2002

Das Gelände zwischen Klingelhöferstraße und Landwehrkanal ist in den 90er Jahren mit Wohnhäusern, Botschaftsgebäuden und der CDU-Parteizentrale bebaut worden. Zwischen diesem »Tiergarten-Dreieck« und dem rekonstruierten Gebäude der Spanischen Botschaft befinden sich kubische Stadtvillen der 80er Jahre.

Southern Tiergarten district, 2002

In the 1990s, in the area between Klingelhöferstraße and the Landwehrkanal, residential buildings, embassies and the CDU party headquarters sprang up. Between this "Tiergarten Triangle" development and the reconstructed Spanish Embassy are cube-shaped city villas that were built in the 1980s.

Blick auf die Philharmonie, 1964

Die von Hans Scharoun entworfene Philharmonie wurde 1960–63 als erster Bau des Kulturforums errichtet. Das Gebäude in der oberen Bildmitte ist das ehemalige Hotel Esplanade.

View of the Philharmonic Hall, 1964

Designed by Hans Scharoun, the Philharmonic Hall was constructed in 1960–63 as the first building of the Kulturforum (Cultural Forum). The building in the photo's upper half is the former Hotel Esplanade.

Kulturforum und SonyCenter, 2002

Direkt neben der Philharmonie rechts sieht man den Kammermusiksaal (1984–87). Links neben der Philharmonie das Sheddach des Musikinstrumentenmuseums. Darüber die Bürogebäude des SonyCenter, erbaut 1996–2000 nach Plänen von Helmut Jahn. Rechts oben die geschwungene Neue Potsdamer Straße.

Kulturforum and SonyCenter, 2002

To the immediate right of the Philharmonic Hall is the Chamber Music Concert Hall, 1984–87. To the left of the Philharmonic Hall is the shed-like roof of the Museum of Musical Instruments. Behind it, the office buildings of the SonyCentre, built in 1996–2000 by architect Helmut Jahn. In the photo's upper right, a curving Neue Potsdamer Straße.

Spree und Kongresshalle, 1960

Errichtet wurde die Kongresshalle 1957. Die auffallende Dachkonstruktion brachte dem Bau den Namen »Schwangere Auster« ein. Zwischen Halle und John-Foster-Dulles-Allee liegt ein großes Wasserbecken. Vor dem Reichstagsgebäude ist noch das Rund des ehemaligen Königsplatzes zu erkennen.

Spree and Kongresshalle, 1960

The Kongresshalle (Congress Hall) was constructed in 1957. The building came to be called the "Pregnant Oyster" on account of its daring roof construction. Between the hall and John-Foster-Dulles-Allee is a large basin of water. In front of the Reichstag is the circular space of the former Königsplatz.

Spree und Regierungsviertel, 2002

In der oberen Bildmitte sieht man das 1997–2000 errichtete Bundeskanzleramt, zu erkennen an dem kubischen Hauptbau, dahinter das Paul-Löbe-Haus, ein Bürogebäude für Bundestagsabgeordnete.

Spree and government quarter, 2002

In the photo's upper half is the Bundeskanzleramt that was built in 1997–2000. It is recognizable through its cubic main building. Behind it, the Paul Löbe House, an office building for parliamentary deputies.

Tiergarten und Siegessäule, 1969

Von Westen blickt man über den Großen Stern mit der Siegessäule Richtung Brandenburger Tor. Am linken Bildrand das 1785/86 erbaute Schloss Bellevue, der Amtssitz des Bundespräsidenten. Dahinter die Spree mit dem Industrieareal des Moabiter Werders. Im Bild oben das Reichstagsgebäude.

Tiergarten and Siegessäule, 1969

A view from the west of the Grosser Stern with the Siegessäule (Column of Victory). Brandenburg Gate lies in the distance. On the left is Bellevue Palace, the main residence of the President of the German Federal Republic that was built in 1785–86. Behind it is the Spree and the industrial site Moabit Werder. The Reichstag can be seen in the photo's upper part.

Tiergarten und Regierungsviertel, 2002

In der unteren Bildmitte erkennt man das Schloss Bellevue, davor der elliptische Bau des Bundespräsidialamtes. Auf dem Moabiter Werder eine »Bundesschlange« genannte Wohnanlage. Oberhalb sieht man das Bundeskanzleramt. Links im Bild die Trasse der Stadtbahn mit der Halle des neuen Lehrter Bahnhofs.

Tiergarten and government quarter, 2002

In the photo's lower half is Bellevue Palace, before it the elliptical building of the Bundespräsidialamt (Office of the German Federal President). On the Moabit Werder site is the housing complex referred to as the "federal snake." Slightly above it, the Bundeskanzleramt. In the photo's left, the tracks of the city railway with the hall of the new Lehrter Bahnhof railway station.

Blick von Westen Richtung Fernsehturm, 1969

Im Vordergrund der Bendlerblock, zwei Bürohäuser der 60er Jahre sowie rechts unten am Landwehrkanal das Shell-Haus, errichtet 1930–32. In der Bildmitte eine Stadtbrache mit der 1960–63 erbauten Philharmonie. Von ihr rechts oberhalb erkennt man die Sperranlagen am Potsdamer Platz.

A western view in the direction of the Television Tower, 1969

In the foreground: the Bendler Block, two office buildings from the 1960s, and, in the lower right, the Shell Building that was built in 1930–32. In the middle of the photo, in the midst of vacant land, the Philharmonic Hall that was built in 1960–63. In the upper right, a view of the barriers and no-man's land at Potsdamer Platz.

Blick von Westen Richtung Fernsehturm, 2002

In der Bildmitte sieht man den neuen Potsdamer Platz mit seiner Hochhausbebauung. Das SonyCenter ist an seiner zeltartigen Dackkonstruktion zu erkennen. Unterhalb des dreieckigen Sony-Areals liegt das Kulturforum mit Philharmonie und Kammermusiksaal, rechts davon die Staatsbibliothek.

A western view in the direction of the Television Tower, 2002

In the middle of the picture, the new Potsdamer Platz with its high-rise buildings. The tent-like roof is that of the SonyCentre. Beneath the triangular Sony site, the Kulturforum with the Philharmonic Hall and the Chamber Music Concert Hall, and to their right, the State Library.

Blick auf den Potsdamer Platz, 1963

Von links unten schiebt sich das Areal des ehemaligen Potsdamer Bahnhofs breit ins Bild. Direkt anschließend der Potsdamer Platz und an diesen anschließend der mit einigen Bäumen bestandene Leipziger Platz. Bei der Ruine in der Bildmitte handelt es sich um das ehemalige »Haus Vaterland«.

A view of Potsdamer Platz, 1963

From the lower left, the site of the former Potsdamer Bahnhof railway station presses its way into the photo and is immediately followed by Potsdamer Platz and then by the few trees of Leipziger Platz. The ruins in the middle of the photo are those of the former “Haus Vaterland”.

Blick auf den Potsdamer Platz, 2002

Der eigentliche Potsdamer Platz ist als Straßenkreuzung zu erkennen. Rechts davon hat die Neubebauung des Leipziger Platzes begonnen. Im Bild links unten das von DaimlerChrysler bebaute Areal (1993–98). Darüber sieht man das SonyCenter und gleich rechts davon mehrere neue Bürohochhäuser.

A view of Potsdamer Platz, 2002

What once really was Potsdamer Platz is visible as a street intersection. To the intersection's right, the reconstruction of Leipziger Platz has begun. In the photo's lower left, the site of DaimlerChrysler, 1993–98. Across the street, the SonyCentre, and to its immediate right, several new high-rise office buildings.

Potsdamer Platz und Leipziger Platz, um 1926

Der Blick erfasst den Potsdamer Platz, der sich unten links zum Leipziger Platz öffnet. Zum oberen Bildrand verläuft die Potsdamer Straße, zum rechten Bildrand hin die Bellevuestraße. Rechts neben dem »Weinhaus Rheingold« das Hotel Esplanade. Links oben sieht man das Empfangsgebäude des Potsdamer Bahnhofs.

Potsdamer Platz and Leipziger Platz, around 1926

A view of Potsdamer Platz that on the bottom left opens onto Leipziger Platz. Potsdamer Straße runs up through the top of the photo, and Bellevuestraße runs to the photo's right edge. To the right of the "Weinhaus Rheingold" is the Hotel Esplanade. On the photo's upper left is the main building of the Potsdamer Bahnhof station.

Potsdamer Platz und Leipziger Platz, 2002

Von dem einstigen Potsdamer Platz ist nahezu nichts geblieben. An den beiden gleich hohen Hochhäusern endet die im Bogen heran geführte Neue Potsdamer Straße. Der Leipziger Platz wird mit Wohn- und Geschäftshäusern umbaut, auf dem Gelände des einstigen Potsdamer Bahnhofs sind neue Bürohäuser entstanden.

Potsdamer Platz and Leipziger Platz, 2002

Hardly anything remains of the former Potsdamer Platz. The Neue Potsdamer Straße approaches in a curve and ends at the two equally tall high-rises. Leipziger Platz is being rebuilt with residential and business buildings. New office buildings have been constructed on the grounds of the former Potsdamer Bahnhof station.

Blick auf den Potsdamer Platz, um 1935

Ins Auge fallend das Columbushaus, ein modernes neunstöckiges Bürogebäude, erbaut 1927 von Erich Mendelsohn. Mitten auf dem Platz sieht man den 1924 aufgestellten Verkehrsturm mit der ersten Ampelanlage in Deutschland. Die Straße nach oben rechts ist die Bellevuestraße, die nach links oben die Potsdamer Straße.

A view of Potsdamer Platz, around 1935

A view of Columbus House, a modern, nine-storey commercial building, built in 1927 by Erich Mendelsohn. In the middle of the square is the traffic tower that was erected in 1924 with Germany's first traffic lights. The street that runs to the upper right is Bellevuestraße, and to the upper left, Potsdamer Straße.

Blick auf den Potsdamer Platz, 2002

Der Blick fällt auf die spitzwinkligen Bürogebäude von Renzo Piano und Hans Kollhoff sowie, rechts daneben, den Büroturm des SonyCenter, entworfen von Helmut Jahn. Dahinter die zeltartige Dachkonstruktion des öffentlichen Forums. Von links oben wird die geschwungene Neue Potsdamer Straße zum Potsdamer Platz geführt.

A view of Potsdamer Platz, 2002

A view of the angular commercial buildings by Renzo Piano and Hans Kollhoff, and to their immediate right the SonyCentre office block, designed by Helmut Jahn. Behind it, the tent-like roof of the public forum. From the upper left, the curving Neue Potsdamer Straße leads to Potsdamer Platz.

Leipziger Platz und Leipziger Straße, 1928

Der Platz wurde 1730 unter Preußenkönig Friedrich Wilhelm I. als Oktagon angelegt. Nach oben rechts verläuft die Leipziger Straße. Links unten erkennt man die von Karl Friedrich Schinkel gestalteten Torhäuschen. Bei dem Komplex an der nördlichen Platzecke zur Leipziger Straße hin handelt es sich um das Warenhaus Wertheim.

Leipziger Platz and Leipziger Straße, 1928

The square was laid out in 1730 under Prussian King Friedrich Wilhelm I as an octagon. Leipziger Straße runs to the upper right. In the bottom left are the two portal buildings by Karl Friedrich Schinkel. The complex at the square's northern corner is the department store Wertheim.

Leipziger Platz und Leipziger Straße, 2002

Der Blick fällt auf das Achteck des Leipziger Platzes, dessen Neubebauung begonnen hat. Unten links ragen die beiden spitzwinkligen Bürohochhäuser von Hans Kollhoff und Renzo Piano ins Bild. Unten rechts der abgerundete Kopfbau der Bürogebäude auf dem Areal des einstigen Potsdamer Bahnhofs.

Leipziger Platz and Leipziger Straße, 2002

A view of the octagonal Leipzer Platz that is under reconstruction. In the lower left, the two angular office buildings by Hans Kollhoff and Renzo Piano jut into the picture. On the bottom right is the rounded front of the main office building on the former Potsdamer Bahnhof station site.

Spree und Bahnhof Friedrichstraße, 1967

Auf der Ost-Berliner Seite der Spree sieht man die DDR-Sperranlagen. Zwischen Fluss und Stadtbahntrasse liegt ein verwahrlostes Industrieareal, im Bild oben der Bahnhof Friedrichstraße mit den Hallen für S-Bahn- und Fernverkehr. Bei der Straße in der Bildmitte handelt es sich um die Luisenstraße.

The Spree and Friedrichstraße railway station, 1967

On the East Berlin side of the Spree, a view of the GDR border fortifications. A dilapidated industrial site lies between the river and the city railway tracks. At the top of the photo, the Friedrichstraße railway station with a hall for the city railway and another one for long-distance travel. The street in the middle of the photo is Luisenstraße.

Spree und Bahnhof Friedrichstraße, 2002

An der Luisenstraße schließt sich nach rechts die Marschallbrücke an. Flussaufwärts folgen die Eisenbahnbrücke vor dem Bahnhof und die Weidendammer Brücke im Zuge der Friedrichstraße. Im Bild unten das noch im Bau befindliche Marie-Elisabeth-Lüders-Haus, ein Bürogebäude für Bundestagsabgeordnete.

The Spree and Friedrichstraße railway station, 2002

On the right, Luisenstraße crosses the Marschallbrücke. Further up the river, a view of the railroad bridges in front of the railway station and the Weidendammer Brücke that Friedrichstraße runs across. On the bottom, the Marie Elisabeth Lüders House, an office building for parliamentary deputies, which is still under construction.

Friedrichstraße und Unter den Linden, 1945

Im Bild unten rechts die einst berühmte Straßenkreuzung Unter den Linden/Friedrichstraße. Die Ruinenlandschaft erstreckt sich nach Norden hin auf alle Quartiere links und rechts der Friedrichstraße. Oben links die zerstörten Bahnhofshallen und ein Stück Spree vor der Weidendammer Brücke.

Friedrichstraße and Unter den Linden, 1945

In the lower right is the once famous intersection Unter den Linden / Friedrichstraße. The ruins extend all the way to the north and to all of the districts to the left and right of Friedrichstraße. In the photo's upper left are the destroyed halls of the train station. Behind them, a section of the Spree is visible before it disappears under Weidendammer Brücke.

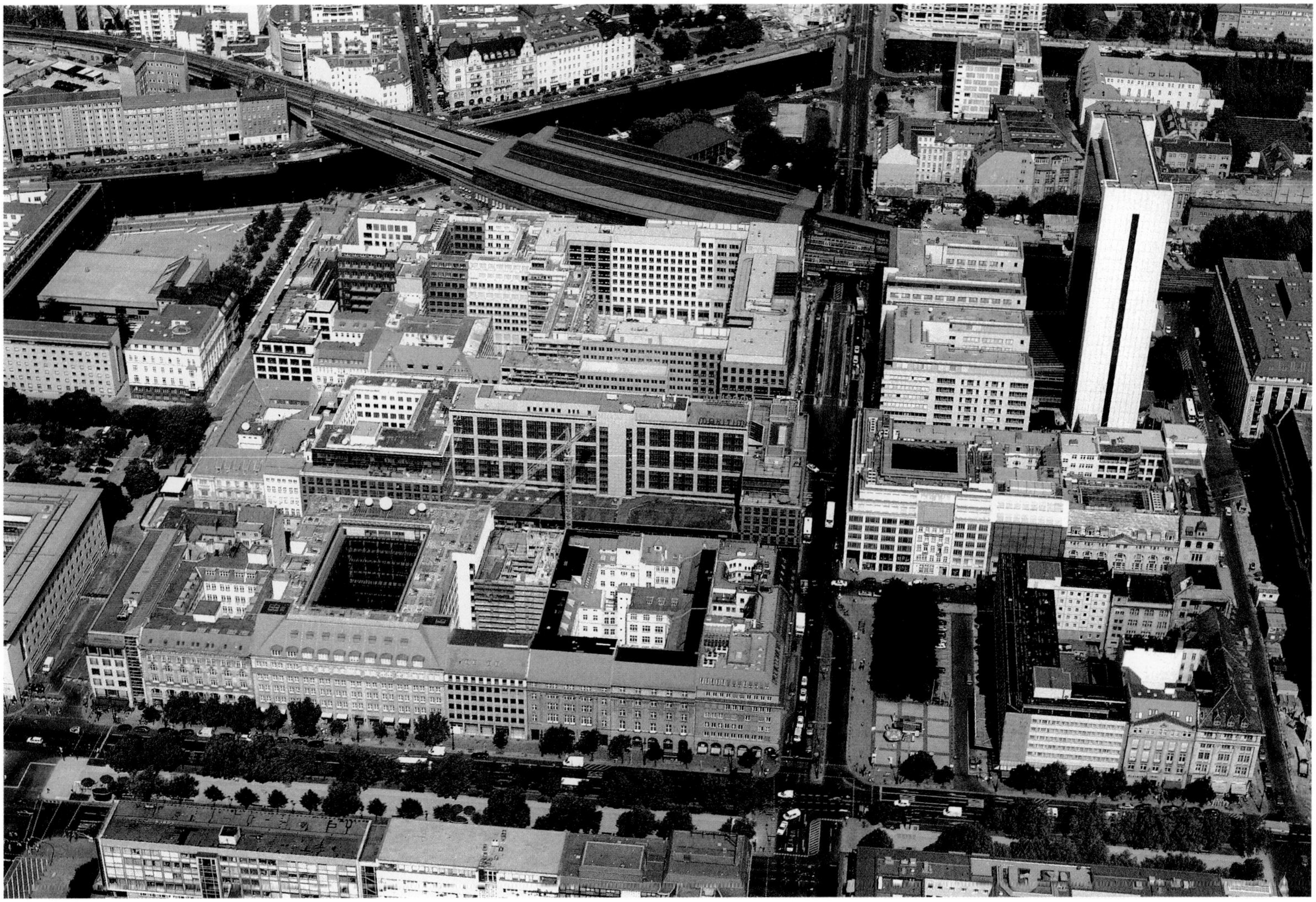

Friedrichstraße und Unter den Linden, 2002

Die Quartiere links und rechts der von Norden nach Süden verlaufenden Friedrichstraße wurden in den 90er Jahren neu bebaut, vorzugsweise mit Büro- und Geschäftshäusern sowie Hotels. Rechts die Schmalseite des hoch aufragenden ehemaligen Internationalen Handelszentrums der DDR, eröffnet 1978.

Friedrichstraße and Unter den Linden, 2002

The districts to the left and right of the north-south running Friedrichstraße were rebuilt in the 1990s, mainly with office, business and hotel buildings. On the photo's right, the narrow side of the high-rise of the former GDR International Trade Centre towers up; it opened in 1978.

Die Friedrichstraße, 1963

Von Südwesten blickt man auf das Gebiet links und rechts der Friedrichstraße. Am unteren Bildrand die Zimmerstraße mit der Mauer und den Sperranlagen sowie der Sektorenübergang für Ausländer, bekannt als »Checkpoint Charlie«. Im Bild oben die beiden Dombauten und das Schauspielhaus auf dem Gendarmenmarkt.

Friedrichstraße, 1963

A southwestern view of Friedrichstraße and the areas to its left and right. In the photo's lower half is Zimmerstraße with the Wall and other border fortifications as well as "Checkpoint Charlie", the famous crossing point for foreigners. At the photo's top are the two cathedrals and Schauspielhaus that are situated on Gendarmenmarkt.

Die Friedrichstraße, 2002

Die Quartiere an der Friedrichstraße sind sämtlich neu bebaut, die Kuppeltürme auf dem Gendarmenmarkt restauriert, und von der Teilung der Stadt ist fast nichts mehr zu sehen. Parallel zur Friedrichstraße rechts verläuft die Charlottenstraße. Die Straße, die man in leichtem Bogen unten links sieht, ist die Mauerstraße.

Friedrichstraße, 2002

The districts around Friedrichstraße have been entirely rebuilt and the domes on Gendarmenmarkt completely restored. Hardly a sign of the city's former divided status can be seen. Parallel to Friedrichstraße, and to its right is Charlottenstraße. The slightly curving street at the bottom left is Mauerstraße.

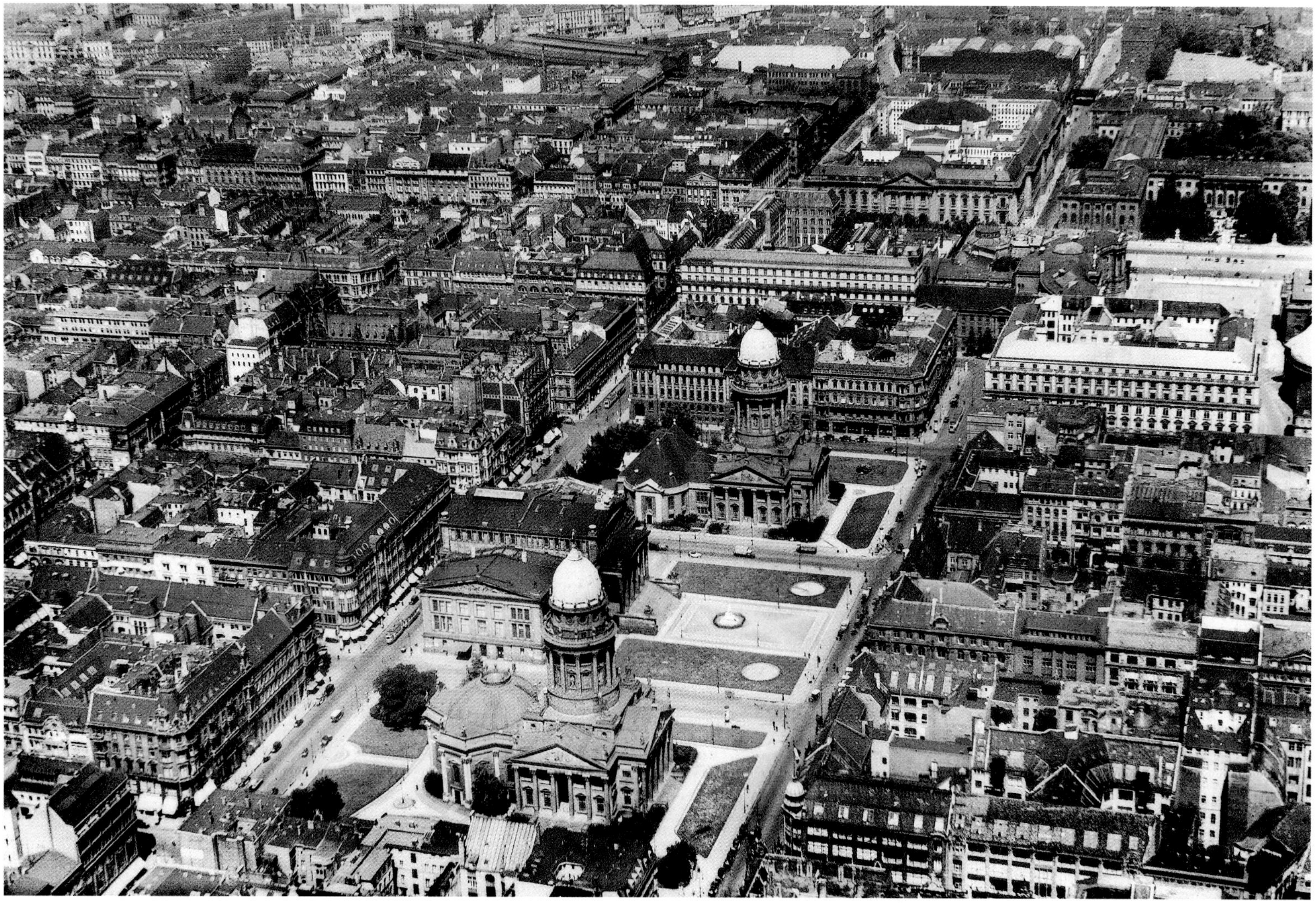

Der Gendarmenmarkt, um 1930

Die Platzanlage besteht aus drei Karrees des regelmäßigen Straßenrasters der nördlichen Friedrichstadt. In der Mitte das von Karl Friedrich Schinkel 1818–21 erbaute Schauspielhaus. Südlich von diesem der Deutsche Dom, nördlich davon der Französische Dom, beide 1780–85 von Karl von Gontard errichtet.

The Gendarmenmarkt, around 1930

The square is comprised of three blocks of the evenly laid out streets of northern Friedrichstadt. In the middle is the Schauspielhaus that was built by Karl Friedrich Schinkel in 1818–21. To its south is the German Cathedral, and to its north, the French Cathedral, both constructed by Karl von Gontard in 1780–85.

Der Gendarmenmarkt, 2002

In der Mitte der unteren Bildhälfte der Gendarmenmarkt mit den beiden Dombauten und dem seit 1984 als Konzerthaus dienenden Schinkel'schen Schauspielhaus. Der nördliche Teil der Friedrichstadt gibt im Luftbild einen Begriff des neuen »steinernen Berlin«, wie es hier in den 90er Jahren entstand.

The Gendarmenmarkt, 2002

In the photo's lower middle is a view of Gendarmenmarkt with its two cathedrals and Schinkel's Schauspielhaus that is now a concert hall. The aerial view of the northern part of Friedrichstadt imparts a notion of the new "stone Berlin" that came into being here in the 1990s.

Die Straße Unter den Linden, 1935

Von Nordwesten fällt der Blick auf die Straße Unter den Linden mit Staatsoper und Hedwigskathedrale. Diesseits der Straße das mehrflügelige Gebäude der Friedrich-Wilhelms-Universität. Rechts daneben der Gebäudekomplex der Staatsbibliothek, in der Mitte der große achtseitige Lesesaal mit Kuppel.

The street Unter den Linden, 1935

A northwest view of the street Unten den Linden with the Staatsoper (State Opera) and Hedwig Cathedral. On this side of the street is a view of the many wings of the building of Friedrich Wilhelm University. To its right is the building complex of the State Library. In the library's middle is the large, domed, octagonal reading room.

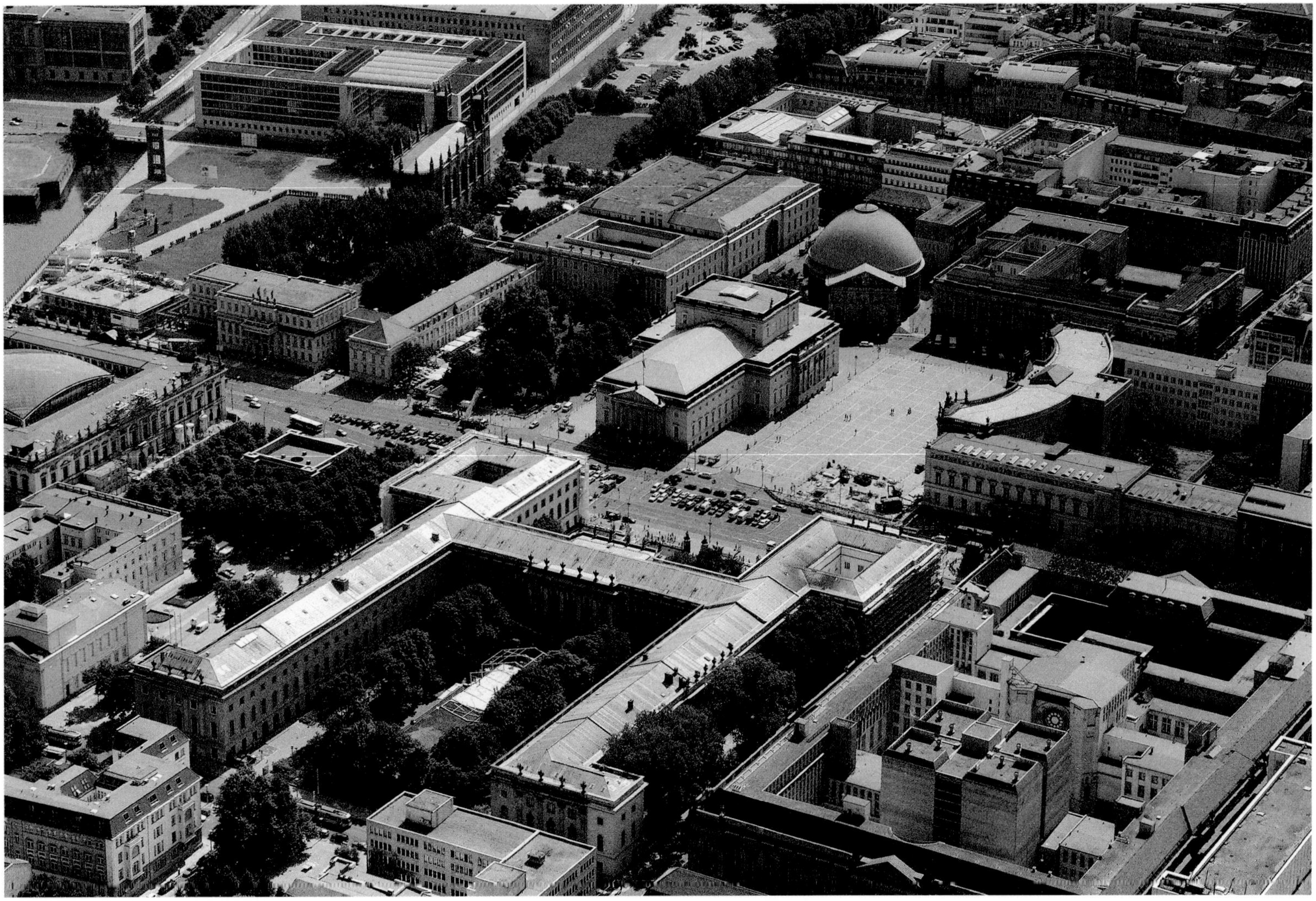

Die Straße Unter den Linden, 2002

Links neben der Humboldt-Universität sieht man in einem Wäldchen das Dach der Schinkel'schen Neuen Wache. Daneben das ehemalige Zeughaus mit überdachtem Innenhof. Rechts unten die Staatsbibliothek mit einem Büchermagazin anstelle des kriegszerstörten Lesesaals. Links oben der Kopfbau des Auswärtigen Amtes.

The street Unter den Linden, 2002

To the left of Humboldt University is a view of the tree-shrouded roof of Schinkel's Neue Wache (New Guardhouse). It is followed by the former Zeughaus (Armoury) that has the roofed-over inner courtyard. In the lower right is the State Library; a stockroom has replaced the war-damaged reading room. In the upper left is the main building of the Federal Ministry of Foreign Affairs.

Das Berliner Stadtschloss, um 1925

Das Bild bietet einen guten Blick in die Innenhöfe des Schlosses, den ersten Hof (Eosanderhof) und den zweiten Hof (Schlüterhof). Über dem Prunkportal des 1716 vollendeten Westflügels erhebt sich die achtseitige Kapelle mit hohem Kuppelaufbau (1845–53). Oben links der Lustgarten und der Berliner Dom.

Berlin City Palace, around 1935

The photo provides a good view of the palace's two inner courtyards, "Eosanderhof" and "Schlüterhof". Over the magnificent portal of the west wing that was completed in 1716 is the octagonal chapel with the high dome (1845–53). In the upper left is the Lustgarten and the Berlin Cathedral.

Berliner Dom und Palast der Republik, 2002

In der linken Bildhälfte fällt der Blick auf den Dom und den neu gestalteten Lustgarten sowie auf den westlichen Spreearm mit der Schlossbrücke. Der wegen Asbestsanierung unansehnlich gewordene Palast der Republik, rechts, nimmt nur einen Teil der Fläche des einstigen Schlosses ein.

Berlin Cathedral and Palast der Republik, 2002

On the left is a view of the Berlin Cathedral and the newly designed Lustgarten with the western branch of the Spree with the Schlossbrücke. On the photo's right is the Palast der Republik. Asbestos-removal work has given a run-down character to the building that takes up less than half of the ground plan of the former palace.

Berliner Dom und Stadtschloss, 1914

Der Blick fällt auf die Westseite des Doms mit der an der Nordseite angebauten Denkmalskirche. Rechts im Bild die gewaltige Baumasse des Schlosses. Unten links das Alte Museum am Lustgarten, davor das Neue Museum. Ganz unten rechts das ehemalige Zeughaus mit Kuppel und überdachtem Innenhof.

Berlin Cathedral and City Palace, 1914

A western view of the cathedral with the Denkmalskirche (Memorial Church) that was added to the north side. On the photo's right is the massive palace. Located at the Lustgarten's lower left is the Altes Museum. In front of it is the Neues Museum. In the lower right is the former Zeughaus with its dome and roofed-over inner courtyard.

Berliner Dom und Palast der Republik, 2002

Die im Krieg zerstörte Denkmalskirche wurde bei der Wiederherstellung des Doms abgebrochen. Unten links sieht man die Dreiflügelanlage des Pergamonmuseums, darüber die tempelartige Alte Nationalgalerie. Gut zu erkennen die beiden Spreearme, die das auf einer Insel liegende Alt-Cölln umschließen.

Berlin Cathedral and Palast der Republik, 2002

When the Berlin Cathedral was restored, plans to repair the destroyed Denkmalskirche were broken off. In the lower left are the three wings of the Pergamonmuseum. Behind it is the temple-like Alte Nationalgalerie (Old National Gallery). Highly visible are the two branches of the Spree that embrace what used to be called Alt-Cölln.

Berliner Dom und Stadtschloss, 1945

In der Bildmitte der 1944 und 1945 durch Bomben stark beschädigte Dom, der 1894–1905 erbaut worden war. Links oberhalb das ebenfalls schwer beschädigte, in Teilen zerstörte Schloss mit dem Kuppelaufbau an der Westseite. Diesseits der Spree sieht man ein zerstörtes Banken- und Geschäftsviertel.

The Berlin Cathedral and City Palace, 1945

In the centre of the picture the Berlin Cathedral that was constructed in 1894–1905 and severely damaged by bombs in 1944 and 1945. In the upper left, the City Palace that was also heavily damaged and in parts destroyed; it is topped with a dome on the west side. On this side of the Spree, the destroyed banking and business quarter.

Berliner Dom und Palast der Republik, 2002

Der Blick fällt auf den wieder hergestellten Dom und den 1973–76 erbauten Palast der Republik. Links oben das ehemalige Staatsratsgebäude der DDR, rechts daneben das Auswärtige Amt der Bundesregierung. Rechts oberhalb des Doms der neu gestaltete Lustgarten. Diesseits der Spree ist ein Hotel im Bau.

The Berlin Cathedral and the Palast der Republik, 2002

A view of the restored cathedral and the Palast der Republik that was built in 1973–76. In the upper left, the former GDR Staatsratsgebäude (Council of State Building). To its right, the Federal Ministry of Foreign Affairs. To the right facing the cathedral, the newly designed Lustgarten. On this side of the Spree, a hotel is under construction.

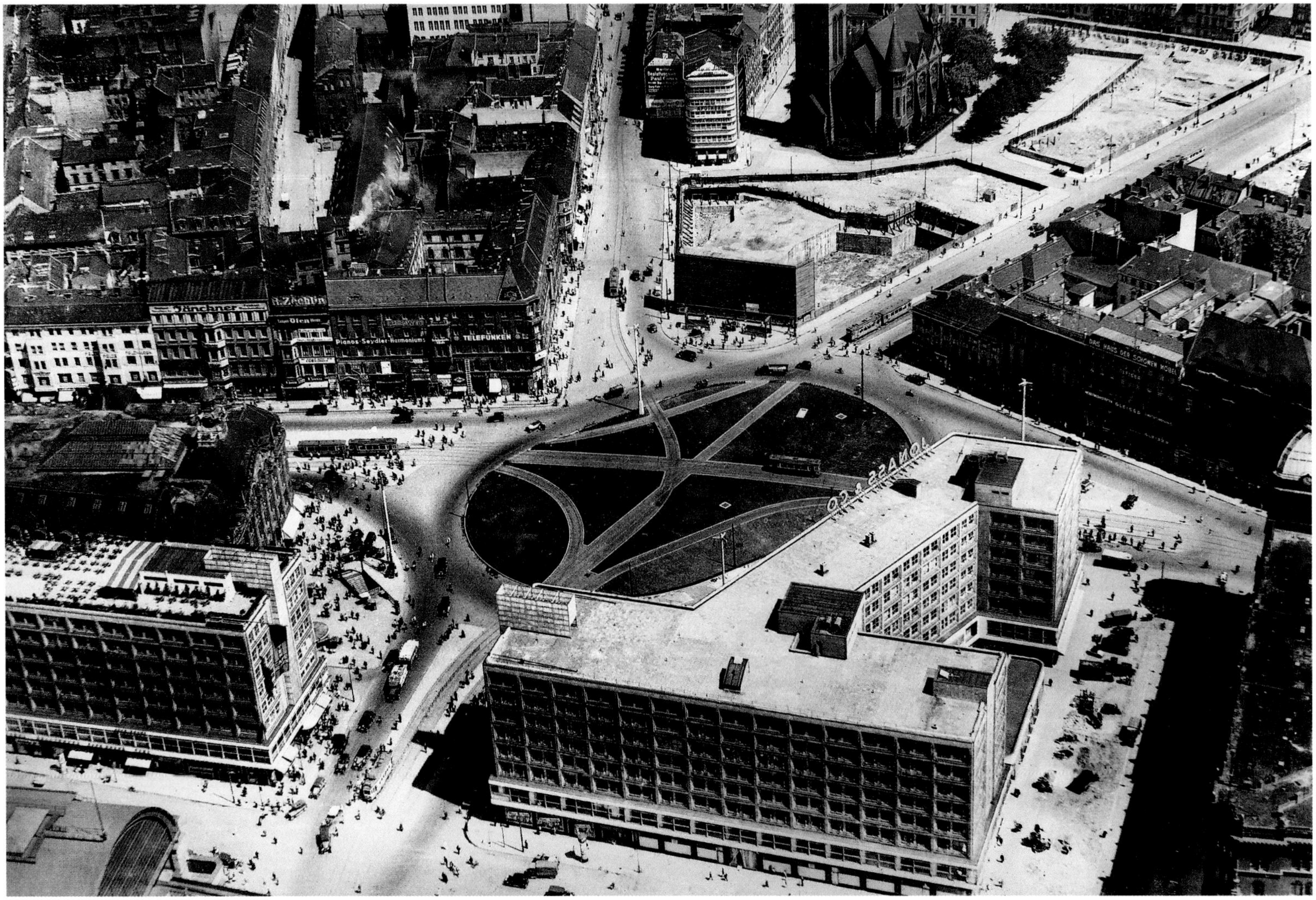

Der Alexanderplatz, um 1935

Blick von Südwesten auf den ovalen, von Straßenbahngleisen durchschnittenen Platz. Im Vordergrund das dreiflügelige Alexanderhaus, links daneben das Berolinahaus, beide 1930–32 von Peter Behrens errichtet. Am oberen Bildrand die im Zweiten Weltkrieg zerstörte St. Georgenkirche.

Alexanderplatz, around 1935

A southwest view of the oval square that is crisscrossed with tramlines. In the foreground, the three-tiered Alexander House. To its left, the Berolina House. Both were built in 1930–32 by Peter Behrens. In the picture's upper edge, the St. Georgen Church that was destroyed during the Second World War.

Der Alexanderplatz, 2002

Der Blick fällt auf den zu DDR-Zeiten neu gestalteten Platz. Alexanderhaus und Berolinahaus haben den Krieg überstanden. Am linken unteren Bildrand die Halle des Bahnhofs Alexanderplatz und ein Kaufhausbau. Darüber das 123 m hohe, 1967–70 errichtete Interhotel, heute Park Inn Hotel Alexanderplatz.

Alexanderplatz, around 2002

A view of the square that was redesigned during GDR times. Alexander House and Berolina House survived the war. On the bottom left, the hall of the Bahnhof Alexanderplatz railway station and a department store building. Behind it, what was built in 1967–70 as the 123 m high “Interhotel”, that later became the Park Inn Hotel Alexanderplatz.

Der Alexanderplatz, um 1935

Von Südosten blickt man auf die ovale Platzanlage. In der Bildmitte das 1904–11 erbaute Warenhaus Tietz. Zwischen diesem und der Bahnhofshalle steht das Berolinahaus, unterhalb davon das dreiflügelige Alexanderhaus, beide erbaute Peter Behrens. In der Bildecke unten links sieht man das Polizeipräsidium.

Alexanderplatz, around 1935

A southeast view of the oval square. In the photo's middle is the Tietz department store that was built in 1904–11. Next to it is the Berolina House followed by the railway station. Facing the Berolina House are the three wings of the Alexander House; both were built by Peter Behrens. In the photo's lower left is the Police Headquarters.

Der Alexanderplatz, 2002

Die Neubebauung des im Kriege zerstörten Platzes begann 1966. Gleichzeitig erfolgte eine völlige Neuordnung des Straßenverkehrs. Man sieht den blockartigen Kaufhausbau, daneben das Hotelhochhaus. Am linken Bildrand, neben dem Fensehturm, die Marienkirche.

Alexanderplatz, 2002

The restoration of the war-destroyed square began in 1966. The traffic system was also totally reorganised. The block-like department store building can be seen with the hotel high-rise to its right. On the photo's left next to the Television Tower is Church of St. Mary.

Blick auf Spree und Spreekanal, 1945

Von Westen sieht man die Spree mit der 140 m langen Mühlendammschleuse (links) und den hier von der Hauptspree abzweigenden Spreekanal mit der dreibogigen Inselbrücke (rechts). Oben die quer durchs Bild laufende Stadtbahntrasse. Dahinter die starken Kriegszerstörungen im Bezirk Friedrichshain.

A view of the Spree and Spreekanal, 1945

A western view of the Spree with the 140 m long Mühlendamm canal lock (left). The Spreekanal branches off from the main part of the Spree here and features the Inselbrücke(right) with its three arches. At the top, the city railway tracks run across the photo. Behind them is the severely war-damaged district of Friedrichshain.

Blick auf Spree und Spreekanal, 2002

Dort, wo der Spreekanal von der Spree abzweigt, beginnt die Fischerinsel, auf der ab 1967 mehrere Wohnhochhäuser errichtet wurden. Die genormten Plattenbauten im Bild oben stammen aus den 60er und 70er Jahren. Im Bild rechts das Märkische Museum, zu erkennen an dem hohen Backsteinturm mit Walmdach.

A view of the Spree and Spreekanal, 2002

Where the Spreekanal branches off from the Spree, the Fischerinsel begins. Starting in 1967 several residential high-rises were built on the Fischerinsel. The standardised pre-fabricated buildings at the top of the photo were built in the 1960s and 70s. On the photo's right is the Märkische Museum with the hipped roof of its high brick tower.

Blick auf das Haus der Ministerien, 1967

Von Nordwesten sieht man das »Haus der Ministerien« der DDR-Regierung. Errichtet wurde der umfangreiche Gebäudekomplex 1934–36 als Reichsluftfahrtministerium. Im Bild links das Gebäude des ehemaligen Preußischen Landtags. An beiden Gebäuden führt die Niederkirchnerstraße mit den Sperranlagen vorbei.

A view of the House of the Ministry, 1967

A northwest view of the House of the Ministry of the GDR government. The extensive building complex was erected in 1934–36 as the Reichsluftfahrtministerium (Reich Ministry of Aviation). On the left is the building of the former Prussian state parliament. Niederkirchnerstraße with the reinforced barrier passes both buildings.

Blick auf das Bundesfinanzministerium, 2002

Das heute vom Bundesminister für Finanzen genutzte ehemalige Reichsluftfahrtministerium liegt mit seine Hauptfront an der Wilhelmstraße. Das Gebäude des Preußischen Landtages ist jetzt Sitz des Abgeordnetenhauses von Berlin. Davor, am linken Bildrand, der Martin-Gropius-Bau. Ganz oben das neu erbaute Bundeskanzleramt.

A view of the Bundesfinanzministerium, 2002

Facing Wilhelmstraße is the entrance to the former Reichsluftfahrtministerium; today it is used by the Federal Minister of Finance. The building of the Prussian state parliament is now the seat of the Abgeordnetenhaus von Berlin (Berlin House of Representatives). On the photo's left edge is the Martin-Gropius-Bau. At the very top is the Bundeskanzleramt.

Blick auf den Anhalter Bahnhof, 1945

Erbaut wurde dieser große Kopfbahnhof 1874–80. Im Krieg zerstört, fuhren hier noch bis Mai 1952 Züge ab. Hinter der quer durchs Bild laufenden Königgrätzer Straße eine typische Berliner Ruinenlandschaft bei Kriegsende. Am rechten Bildrand sieht man das in der Fassade vertikal gegliederte Postamt 11.

A view of Anhalter Bahnhof railway station, 1945

This large railway terminus was built in 1874–80. Damaged during the war, trains used the station until May 1952. Behind Königgrätzer Straße that runs horizontally across the photo is the kind of rubble landscape that was typical for Berlin at the end of the war. On the photo's right, a view of Post Office 11 with its vertical design.

Das Areal des ehemaligen Anhalter Bahnhofs, 2002

Von dem 1960/61 gesprengten Bahnhof ist nur ein Ruinenrest übrig geblieben. Ins Auge fallend das Neue Tempodrom, eine Veranstaltungsarena mit zwölffach gefaltetem Dach, fertig gestellt 2001. Die Neubebauung des Gebietes oberhalb der Stresemannstraße (der früheren Königgrätzer Straße) entstand in den 60er Jahren.

The site of the former Anhalter Bahnhof, 2002

From the railway station that was demolished in 1960–61 only a small ruin remains. The New Tempodrom is eye-catching, a venue for music and theatre that has a roof with twelve folds; it was completed in 2001. The area behind Stresemannstraße (formerly Königgrätzer Straße) was rebuilt in the 1960s.

Flughafen Tempelhof, 1947

Blick von Süden auf den Zentralflughafen Tempelhof im Schnee. Eine Aufnahme vom 6. März 1947. Ins Auge fällt der überdachte Flugsteigring mit den anschließenden Flugzeughallen, insgesamt mehr als 1200 m lang und sich zum Rollfeld hin konkav öffnend. Erbaut wurde der Flughafen 1936–41 von Ernst Sagebiel.

Tempelhof Airport, 1947

A southern view of Tempelhof, the main airport, in the snow. A photo from 6 March 1947. The roof of the ring-shaped terminal building with the adjacent aircraft hangars is clearly visible. The building is more than 1200 m long and opens concavely onto the runway. The airport was built in 1936–41 by Ernst Sagebiel.

Flughafen Tempelhof, 2002

Das Luftbild zeigt die Nähe des Flughafens zu Berlin-Mitte. Oben rechts der Fernsehturm am Alexanderplatz, links oben der neue Potsdamer Platz und der Tiergarten. In dem Halbrund der Verwaltungstrakte sieht man das Luftbrückendenkmal. Der Flughafen ist noch heute der größte zusammenhängende Gebäudekomplex Europas.

Tempelhof Airport, 2002

The aerial shot shows the proximity of the airport to Berlin Mitte. In the upper right is the Television Tower at Alexanderplatz. In the upper left are the new Potsdamer Platz and the Tiergarten. The Luftbrückendenkmal (Airlift Memorial) is situated in the semicircle of the administrative unit. Today, the airport is still Europe's largest building.

Das Warenhaus Karstadt, um 1935

Von Süden fällt der Blick auf das gewaltige 1927–29 erbaute Warenhaus der Rudolph Karstadt AG im Arbeiterbezirk Neukölln. Die Ähnlichkeit mit amerikanischen Hochhäusern der Zeit ist unverkennbar. Zum Hermannplatz hin befinden sich zwei Turmbauten, die mit 15 m hohen Lichtsäulen bekrönt sind.

Karstadt department store, around 1935

A southern view of the colossal department store of the Rudolph Karstadt AG that was built in 1927–29 in the working-class district of Neukölln. The similarity to American high-rises of the time is unmistakable. Two tower constructions face Hermannplatz that are crowned with 15 m high columns of light.

Das Warenhaus Karstadt, 2002

Im Krieg wurde das Gebäude fast vollständig zerstört. Der Neubau stammt aus den 50er Jahren mit späteren Erweiterungen, jedoch ohne architektonischen Anspruch. Der städtebauliche Blickfang ging verloren. Nur an der Hasenheide lassen drei erhaltene Achsen des Vorgängerbaus noch etwas von dessen Größe ahnen.

Karstadt department store, 2002

During the war the building was almost completely destroyed. The new building was erected in the 1950s. Extensions were later added but without any architectural pretensions. The jewel of urban design was lost. At the Hasenheide however the three axes that survived the bombing convey a sense of its former magnitude.

Die Hufeisen-Siedlung in Britz, um 1935

Die im Neuköllner Ortsteil Britz gelegene Siedlung entstand 1925–31 nach Plänen von Bruno Taut und Martin Wagner. Den Mittelpunkt der Anlage bildet die Namen gebende hufeisenförmige Umbauung einer parkähnlichen Bodensenke mit kleinem Teich. Westlich schließt sich ein rautenförmiger Anger mit Zeilenbauten an.

The Hufeisen-Siedlung in Britz, around 1935

The Hufeisen-Siedlung (Horseshoe Settlement) was built in the Neukölln district of Britz in 1925–31, designed by Bruno Taut and Martin Wagner. The focal point is the horseshoe-shaped building that encloses a sunken park with a small pond. On the western side is a diamond-shaped lawn surrounded by terraced houses.

Die Hufeisen-Siedlung in Britz, 2002

Die Hufeisen-Siedlung, in der Ideen der Gartenstadtbewegung aufgegriffen wurden, war die erste deutsche Großsiedlung. Die Mehrzahl der Häuserreihen verläuft in Nord-Süd-Richtung. Die breite Straße am rechten Bildrand ist die Parchimer Allee, die an der Hufeisenöffnung vorbeiführende Straße die Fritz-Reuter-Allee.

The Hufeisen-Siedlung in Britz, 2002

The Hufeisen-Siedlung was the first large German housing estate. It was inspired by ideas from the Garden City Movement. Most of the terraced housing runs north-south. The wide street on the photo's right is Parchimer Allee. The street that passes the horseshoe's opening is Fritz-Reuter-Allee.

Die Gropiusstadt in Buckow, 1966

Die im Neuköllner Ortsteil Buckow gelegene Großsiedlung, entstanden 1962–72, geht auf Planungen des Architekten Walter Gropius zurück, die allerdings nicht verwirklicht wurden. Gebaut werden sollten 17 000 Wohnungen für rund 50 000 Menschen. Auf dem Foto von 1966 ist erst ein Teil der Häuser fertig gestellt.

Gropiusstadt in Buckow, 1966

The large housing complex situated in Buckow in Neukölln was built in 1962–72. It is based on plans by the architect Walter Gropius, which were not fully put into effect. About 17,000 apartments were supposed to be built for circa 50,000 people. At the time of the 1966 photo only a section of the construction work had been completed.

Die Gropiusstadt in Buckow, 2002

Das Erscheinungsbild der Siedlung wird durch sehr unterschiedliche Haustypen geprägt, in der Höhe gestaffelt und aufgelockert gruppiert. In der oberen Bildmitte links sieht man ein im Halbrund angelegtes Wohnhochhaus, daneben ein 31-geschossiges Punkthochhaus, beide entworfen von Walter Gropius.

Gropiusstadt in Buckow, 2002

The housing is characterised by various types of buildings. The units are stacked one on top of the other and are arranged in loose groups. In the upper left is a residential high-rise that has been laid out in a semicircle. Next to it is a 31-storey high-rise; both were designed by Walter Gropius.

Der Westhafen in Moabit, um 1946

Noch sind im Hafengelände die Kriegsschäden sichtbar. Angelegt wurden die drei Becken für Berlins größten Hafen 1914–27. Von der Brücke in der Bildmitte führt nach oben links der Hohenzollernkanal, nach unten rechts der Berlin-Spandauer-Schifffahrtskanal. Im Bild oben der langgestreckte Plötzensee.

Westhafen (West Harbour) in Moabit, around 1946

In the harbour area, damage from the war is still visible. The three basins of Berlin's largest harbour were constructed in 1914–27. The Hohenzollernkanal flows upwards to the left of the bridge in the photo's middle, and the Berlin-Spandauer-Schifffahrtskanal flows downwards to the bridge's right. In the photo's upper part is the long Plötzensee.

Der Westhafen in Moabit, 2002

Die Gesamtanlage hatte Stadtbaurat Friedrich Krause entworfen. Man erkennt auf der unteren Insel den Getreidespeicher und an deren Ende den Zollspeicher, auf der mittleren Insel im Anschluss an zwei Lagerhäuser ein Tanklager. Unten rechts das alte Verwaltungsgebäude, davor ein modernes halbrundes Bürogebäude.

Westhafen in Moabit, 2002

The entire complex was designed by the city planner Friedrich Krause. On the lower island is the granary; on its end the bonded warehouse. On the middle island, following the two warehouses is a petrol depot. In the lower right is the old administrative building; in front of it a semicircular office building.

Blick auf den Reichskanzlerplatz, 1932

Angelegt wurde der geometrisch gestaltete Platz schon im Jahr 1906. Vier Hauptstraßen kommen hier zusammen: Kaiserdamm und Masurenallee (oben) sowie Reichsstraße und Heerstraße (unten). Am rechten Bildrand das Deutschlandhaus, ein 1928–30 von Heinrich Straumer errichtetes Bürogebäude.

A view of Reichskanzlerplatz, 1932

The geometrically shaped square was laid as early as 1906. Four major roads converge here: Kaiserdamm and Masurenallee (above) as well as Reichsstraße and Heerstraße (below). On the right is the Deutschland House, an office building that was built by Heinrich Straumer in 1928–30.

Blick auf den Theodor-Heuss-Platz, 2002

Seinen neuen Namen erhielt der Reichskanzlerplatz 1963. In den dreißiger Jahren sollte die damals nach Adolf Hitler benannte Platzanlage monumental ausgestaltet werden. Rechts im Bild das im Umbau befindliche Deutschlandhaus, darunter das ebenfalls 1928–30 errichtete Amerikahaus.

A view of Theodor-Heuss-Platz, 2002

In 1963 Reichskanzlerplatz was renamed Theodor-Heuss-Platz. In the thirties, the square that was named after Adolf Hitler was supposed to be decorated monumentally. On the right, the Deutschland House that is under renovation, and, below it, the Amerika House that was also built in 1928–30.

Masurenallee und Haus des Rundfunks, 1930

Vom Funkturm aus blickt man auf die Masurenallee mit dem Haus des Rundfunks, das 1929/30 von Hans Poelzig als erstes Funkhaus Deutschlands erbaut wurde. Die beiden gebogenen Flügel umschließen den Großen Sendesaal. Das diesseits der Masurenallee gelegene Messegelände ist noch unbebaut.

Masurenallee and the Haus des Rundfunks, 1930

A view from the Funkturm (Radio Tower) of Masurenallee and the Haus des Rundfunks (Broadcasting House). This was Germany's first broadcasting centre, built by Hans Poelzig in 1929–30. Both arched wings encircle the Großer Sendesaal (Large Studio). The Trade Fair Area on this side of Masurenallee still stands empty.

Masurenallee und Sender Freies Berlin, 2002

Der Blick fällt auf das Haus des Rundfunks sowie auf die sich links oberhalb davon befindlichen Gebäude des Senders Freies Berlin (SFB), die 1963–71 entstanden. Dazu gehören das Hochhaus des SFB-Fernsehzentrums und die zum Kaiserdamm hin gelegenen Flachbauten für die Produktionsstudios und Werkstätten.

Masurenallee and Sender Freies Berlin, 2002

A view of the Haus des Rundfunk. To its upper left, the Sender Freies Berlin (SFB) building that was constructed in 1963–71. It includes the high-rise of the SFB television centre and, facing Kaiserdamm street, the low buildings that house the production studios and workshops.

Die Deutschlandhalle, 1938

Von Südosten fällt der Blick auf die Deutschlandhalle, errichtet für Großveranstaltungen der Olympischen Spiele 1936. Dahinter ist der Messeberg mit dem Terrassengarten zu erkennen. Im Vordergrund die Tribüne der Avus, die 1921 als erste Autorennstrecke Deutschlands eröffnet worden war.

The Deutschlandhalle, 1938

A southeast view of the Deutschlandhalle that was built for the large events of the 1936 Olympic Games. Behind it, the Messeberg (Trade Fair Hill) with the terraced garden. In the foreground, the seats at the Avus, Germany's first motor-racing track that opened in 1921.

Deutschlandhalle und Messegelände, 2002

Nahe der Deutschlandhalle liegt das Erweiterungsgelände der Messe Berlin, entstanden in den 90er Jahren. Der neue Haupteingang befindet sich in dem halbkreisförmigen Gebäude. Diesem gegenüber liegen die Zugänge zur S-Bahn-Station Eichkamp, zur besseren Orientierung in »Messe Süd« umbenannt.

Deutschlandhalle and Trade Fair Area, 2002

Close to the Deutschlandhalle are the extended grounds of the Messe Berlin (Trade Fair Berlin) that were added in the 1990s. The new main entrance can be found in the semi-circular building; it faces the entrances to the city railway station Eichkamp, which for practical reasons has been renamed "Messe Süd".

Messegelände und Funkturm, 1969

Von Osten blickt man auf die Hallen des Messegeländes und den 1924–26 errichteten Funkturm. Am rechten Bildrand ein Baukomplex mit der hoch aufragenden Ehrenhalle (1935–37). Im Vordergrund die Trassen der Stadtautobahn, die mit der nach links oben verlaufenden Avus verknüpft sind.

Trade Fair Area and Funkturm, 1969

An eastern view of the halls of the Trade Fair Area and the Funkturm (Radio Tower) that was built in 1924–26. On the far right, a building complex with the towering Ehrenhalle, built in 1935–37. In the foreground, the lanes of the city's motorway that merge with the Avus in the upper left.

Messegelände und Kongresszentrum, 2002

Im Vordergrund der 320 m lange, aluminiumverkleidete Bau des ICC, des Internationalen Congress Centrums, errichtet 1973–79. Hinter dem Funkturm sieht man das Oval des 1930 angelegten Sommergartens. In der linken oberen Bildhälfte die neuen Hallen der Messe Berlin.

Trade Fair Area and Convention Centre, 2002

In the foreground, the 320 m long aluminium-covered building of the ICC (Internationales Congress Centrum), built in 1973–79. Behind the Funkturm, the oval summer garden can be seen that was added in 1930. In the upper left, the new buildings of the Messe Berlin.

Ausstellungsgelände und Funkturm, 1925

Der Funkturm, eingeweiht am 3. September 1926, ist hier noch im Bau. Zu seinen Füßen das ganz aus Holz errichtete Haus der Funkindustrie. Ganz rechts im Bild die beiden 1914 und 1924 erbauten Automobil-Ausstellungshallen. Von der großen länglichen Platzanlage führt die Masurenallee zum Reichskanzlerplatz.

Exhibition Grounds and Funkturm, 1925

The Funkturm, officially opened on 3 September 1926, is still under construction here. At its base, the House of the Broadcasting Industry that is entirely made of wood. On the far right, the two automobile exhibition halls that were built in 1914 and 1924. From the large elongated square, Masurenallee leads to Reichskanzlerplatz.

Messegelände und Masurenallee, 2002

Im Bild unten das ICC, das mit dem neu gestalteten Messegelände durch eine Brücke verbunden ist. Erhalten blieben die beiden Eckbauten in Rotundenform. Links im Bild dominiert der Komplex mit den beiden Haupthallen und der 23 m hohen Ehrenhalle. Die breite Masurenallee führt zum Theodor-Heuss-Platz.

Trade Fair Area and Masurenallee, 2002

In the photo's lower half, a bridge links the ICC to the newly designed Trade Fair Area. The two corner rotunda-shaped buildings have survived. The left of the photo is dominated by the complex with the two main halls and the 23 m high Ehrenhalle. The wide Masurenallee leads to Theodor-Heuss-Platz.

Olympiagelände von Westen, 1936

Das Reichssportfeld vor Beginn der Olympischen Spiele im August 1936. Glockenturm und Langemarckhalle sind noch im Bau, die Außenanlagen insgesamt noch nicht fertig gestellt. Vor dem Stadion liegt das ausgedehnte Maifeld. Im Vordergrund das Halbrund der Dietrich-Eckart-Freilichtbühne.

A western view of the Olympic grounds, 1936

The Reich sports grounds before the start of the Olympic Games in August 1936. The bell tower and Langemarckhalle are still under construction. None of the outer grounds have been completed. The extensive Maifeld lies in front of the stadium. In the foreground, the semicircle of the Dietrich Eckart Open-Air Theatre.

Olympiagelände von Westen, 2002

Das Olympiastadion während der Umbauarbeiten für die Fußball-Weltmeisterschaft 2006. Oberhalb des Stadions sieht man den Olympischen Platz, unterhalb Maifeld und Glockenturm sowie unten links die Waldbühne. Im Bild oben rechts ein 1957 erbautes Wohnhochhaus, entworfen von Le Corbusier.

A western view of the Olympic grounds, 2002

The Olympic Stadium at the time of its renovation for the 2006 soccer World Cup. The Olympischer Platz (Olympic Square) can be seen behind the stadium. The Maifeld and bell tower are visible in front of the stadium, so is the Waldbühne in the lower left. In the upper right, a residential high-rise built in 1957 and designed by Le Corbusier.

Schlossstraße und Schloss Charlottenburg, 1978

Von Süden blickt man auf die als Allee angelegte Schlossstraße. Der Hauptbau des Schlosses wurde 1695–99 für die Kurfürstin Sophie Charlotte als Sommerschloss errichtet. Die Straßen links und rechts der Allee gehören zu den ältesten Wohngebieten Charlottenburgs, das bis 1705 Lützenburg hieß.

Schlossstraße and Charlottenburg Palace, 1978

A southern view down Schlossstraße that was laid out as an avenue. The palace main building was built in 1695–99 as a summer palace for the Electoral Princess Sophie Charlotte. The streets to the avenue's left and right belong to Charlottenburg's oldest residential districts, known as Lützenburg until 1705.

Schlossstraße und Schloss Charlottenburg, 2002

Die breite Allee führt zum Ehrenhof des Schlosses mit dem Hauptbau. Links davon die Orangerie und der Theaterbau, rechts der 1740–47 errichtete Neue Flügel. Hinter der insgesamt 500 m langen Anlage erstreckt sich der Schlosspark, der östlich von der in einem Bogen fließenden Spree begrenzt wird.

Schlossstraße and Charlottenburg Palace, 2002

The wide avenue leads to the courtyard of the castle's main building. To the building's left, the Orangerie and the Theatre Building, and to its right, the New Wing that was built in 1740–47. Behind the 500 m wide building is the castle park that is bordered on the east by the arched bend of the Spree.

Wir danken den Mitarbeitern der Fotosammlung im Landesarchiv Berlin, die Dirk Laubner bei der Suche nach den historischen Fotografien großzügig unterstützten.

We would like to thank the employees in charge of the photo collection at the Landesarchiv Berlin (Berlin State Archive) for so generously assisting Dirk Laubner in his search for historical photographs.

Die historischen Fotografien in diesem Band stellte uns das Landesarchiv Berlin zur Verfügung

Übersetzung ins Englische: Cathy Lara, Berlin
Satz und Layout: Jonas Maron, Berlin
Lithos: Mega-Satz-Service, Berlin
Druck: Medialis, Berlin
Bindung: Lüderitz & Bauer, Berlin

Printed in Germany
ISBN 3-87584-967-1